AF273678

Balzac

La Comedia humana

Emilia Pardo Bazán

www.archivosvola.es
rescatando el acervo

Condesa de Emilia Pardo Bazán (1851-1921)
"Balzac", capítulo incluido en
Literatura moderna francesa, II. La transición
V. Martín y Compañía editores, Madrid 1911

© Archivos Vola, Madrid, 2024

ISBN: 978-84-128026-9-6

Índice

HONORÉ DE BALZAC

(Tours, 1799 - París, 1850)

BALZAC

EL MUNDO QUE HA DE RETRATAR BALZAC. - SU TEMPERAMENTO.- SU VIDA

Antes de entrar en el estudio de la producción de Honorato de Balzac –a quien conviene mirar despacio–, insistamos en considerar algo más detenidamente su época, los treinta años que pasó al yunque, desde 1820, en que ven la luz sus primeras novelas, de las cuales no se confiesa autor, hasta 1850, en que termina la no muy larga existencia de este escritor titánico.

Cuando cumplía veinte años Balzac, la sociedad experimentaba cambios radicalísimos, y la generación nueva tenía que contar con una Francia nueva también. A aquel prestigioso Imperio que todo lo improvisaba; a aquella especie de magia de la acción, que sacaba de las últimas filas del pueblo a los héroes y a los poderosos de la tierra, siguió un largo período de quietud material; a las violentas rachas de fortuna, la lenta conquista de la riqueza o del nombre, la lucha por la vida en el seno de la paz. Engendrada en las horas de fiebre y vértigo del Imperio, la nueva generación (desequilibrada y genial desde el claustro materno, según opinan bastantes médicos y psicólogos) pidió al ensueño y al arte lo que ya no ofrecía la realidad, y bajo la estadiza Restauración y bajo la burguesa Monarquía de Julio, el romanticismo fue otra conquista de Europa, con trompetas y tambores, a banderas desplegadas.

El Imperio se había apoyado en el ejército: los Borbones y los Orleanes suscitan distintas fuerzas, relegadas a segundo término durante la apoteosis del heroísmo militar. Prestaron su concurso a la Restauración los labriegos, los rentistas, el clero, la nobleza, y a Luis Felipe, la clase media dedicada a la industria, al comercio, a la enseñanza; clase media que, merced al sufragio restringido, monopolizaba el derecho electoral, y en la cual reclutaba sus huestes la Guardia nacional, por Balzac y por Gavarni satirizada y caricaturizada donosamente. El sistema obligaba a contar con el dinero, erigiendo la propiedad y la riqueza en columnas del régimen y del orden. Para concurrir a la obra política era necesario poseer, traficar; en esto venía a resolverse toda el áurea leyenda de Jena, Austerlitz y las Pirámides, y todo el empuje nivelador revolucionario. De 1815 a 1820 –dice un escritor político– las elecciones sufrían aún el influjo de opiniones y creencias; de 1830 a 40, las influyen corrientes de intereses.

Quedaban vigentes, del primer Imperio, las organizaciones administrativa y jurídica, financiera y militar, las relaciones con la Iglesia, reguladas por el Concordato, y los métodos de enseñanza: fuertes raíces del gran árbol caído, aún hoy no extirpadas en Europa. La centralización departamental y municipal, obra napoleónica, sirvió de base de gobierno a la Monarquía *blanca* lo mismo que al rey burgués, como sirve hoy a la República. Del Corso procedía también la poderosa organización policíaca, aquella *secreta* que la Restauración perfeccionó, y cuyos fastos sensacionales y manejos tenebrosos han inspirado bastantes páginas de Balzac.

Ningún período más favorable para estudiar la sociedad en su íntimo funcionalismo que aquel de 1818 a 1850, porque fue una época a la vez efervescente y estacionaria, de la cual hemos tenido aquí una reducción y parodia en la que siguió a la Restauración de Alfonso XII. Etapas preciosas (como las de convalecencia de graves enfermedades en el individuo) para afianzar la salud de un pueblo y criarle sangre purificada, pero que no suelen aprovecharse en eso, sino en dar suelta a los apetitos y egoísmos y vado a las corrupciones, en el afán de aprovechar las circunstancias que se despierta invenciblemente. Sosegada Europa, sentada Francia, que en treinta y cuatro años no movió su ejército sino para intervenciones altruistas como la de Grecia, políticas como la de Bélgica, o para las escaramuzas africanas, pudo afianzarse un régimen salubre, firme, duradero, a no haberse desencadenado las concupiscencias del modo que vemos retratado, con precisión micrográfica, en la inmensa *Comedia* de Balzac.

Favorecidas por la paz, ¿quién negará que las letras se desarrollaron ostentando magnificencia y variedad riquísima, aunque sin la unidad majestuosa de los llamados *siglos de oro*? He reseñado anteriormente la época romántica, ateniéndome a los nombres de resonancia universal; pero no cabía encerrar en los límites que me había impuesto el cuadro deslumbrador de un movimiento intelectual y artístico que abarca todos los aspectos del pensamiento y el sentimiento, y todas las direcciones de la inteligencia humana. Lo que resalta de tan brillante época son los Chateaubriand, los Lamartine, los Hugo, los Musset, las Staël y Sand; estos son el gallardete del mástil; pero ¡qué vasto palacio coronaban! En Francia no se dan aisladas apariciones, como la de Mickiewickz en Polonia y las de Puchkine y Gogol en Rusia: al contrario –y esto hay que tenerlo en cuenta para que la obra de Balzac sea bien comprendida–, la sociedad cría incesantemente y por camadas sus *hombres representativos* (varones o hembras). El índice de los nombres secundarios e ilustres confirma esta verdad. De todo hay cosecha; de poetas hay nube. Al lado de los últimos clásicos, como Soumet y Lebrun, Beranger y Delavigne, surgen los inquietos del Cenáculo: Deschamps, Sainte Beuve, Gautier, Arvers, Nerval, Augusto Barbier, Barthelemy. Al cundir el romanticismo en el fértil campo de cultura que le ofrecían las regiones, las comarcas distantes de la capital, por Balzac desentrañadas a fondo, aparecen los grandes hombres de provincia, idealmente caracterizados por *Luciano de Rubempré*: los Laprade, los Soulary, los Briceux, los Autran, los Hégesippe Moreau, y traen de la mano a las espiritadas literatas, Musas parisienses o departamentales: las Anais Ségalas, las Amable Tastu, las Ackermann, las Desbordes-Valmore; unas con talento y hasta inspiración notoria, otras sólo con pretensiones; satélites todas de la luminosa esfera de Jorge Sand, que un tiempo fuera también otra *madama de Bargetón*, la incomprendida, el personaje adivinado y disecado por Balzac con seguro escalpelo. El poeta, la poetisa, en aquel momento, son, antes que fenómenos del orden literario, tipos del social. Pertenecen a la novela de análisis, que se incuba –trabajosa y difícilmente, fuerza es reconocerlo– en el cerebro del autor de *Ilusiones perdidas*. Poetas, críticos, periodistas –los Nathan, los Bixiou, los Lousteau, los Rubempré–, vistos entre bastidores, en la miseria de sus vanidades, en el encono de sus codicias, en la fermentación pútrida de sus venganzas y rencores, en la exaltación

11

a veces tan generosa de su quimera–, se nos exhibirán en numerosas páginas de la *Comedia humana*.

La evolución de la novela antes de Balzac había sido hacia el lirismo. Las novelistas sentimentales, Cottin, Souza, Duras, Krudener, se formaron su especialidad de amores tiernos y fieles, de pasionalidades ardorosas, de inextinguibles dolores del corazón. Como el *Obermann* de Sénancourt, el *Adolfo* de Benjamin Constant hizo competencia al *Werther* de Goethe. La nota del lirismo la encontramos en Saintine, con *Picciola*; en Sandeau, con *Magdalena* y *La señorita de la Seigliére* –ejemplares de esa literatura "para las familias" que reclamaban los instintos conservadores de la burguesía triunfante–; y eran ramas del mismo tronco los brotes de "novela cristiana" iniciada por el Vizconde de Walsh, el ultrarromántico autor de las *Cartas vendeanas*, y continuada por las sencillas narraciones del abate Devoille, el *Flaviano* de Guiraud, la *Emilia Paula* del abate Bareille, predecesores del cardenal Wiseman y su *Fabiola*, tan inferiores a Javier de Maistre, autor de dos joyas: *El leproso de la ciudad de Aosta* y *La joven siberiana*. Basta recordar alguna de estas novelas que voy citando, basta evocar también la memoria de la novela de aventuras y gasconadas de Dumas padre, para darse cuenta de la oposición entre tales elementos y el que Balzac traerá definitivamente con la novela *épica*. Sus predecesores, Stendhal y Mérimée, apenas habían apuntado este sentido; Mérimée, especialmente, es tan sólo un realista romántico, que siente el medio ambiente exótico y no el que le rodea todos los días; y el madrugador Stendhal es el escrutador encarnizado de almas y cerebros, no el *doctor en ciencia social*, título para Balzac reservado.

Diríase, sin embargo, que era imposible traer una nueva fórmula después de un movimiento tan activo y brillante como el que precedió y rodeó a Balzac. Al lado de los novelistas descollaron los cuentistas, con Mérimée a la cabeza, y no sería justo olvidar a Carlos Nodier, a León Gozlán –llamado por Pablo Feval "el ingenio hecho carne"–; ni a Julio Janin, el constante enemigo del realismo, que satirizó en la extraña novela *El asno muerto*. La crónica moderna, delicada sátira de las costumbres, tenía por representante a *Mar fisa*, Madama de Girardin; el humorismo, el mariposeo, a Alfonso Karr, que aún hoy posee devotos lectores. El teatro, oscilando de la tragedia al drama romántico y de este otra vez a la tragedia, con Ponsard y Soumet, no había cesado de atraer hacia París la atención del mundo, y si ya las célebres actrices intérpretes de Hugo, Delavigne y Dumas, las Raquel, Georges, Mars y Dorval, no representaban ante un auditorio de reyes, lo hacían para un público apasionado y ansioso de emociones, en que el Rey, por declaración propia, era un espectador más. La crítica moderna crecía y se remontaba al compás de la sobreproducción literaria: nacida bajo el Imperio, con Fontane y Joubert, dilataron sus dominios y conquistas Girardin, Villemain, Ampére, Julio Janin, Nisard, Gustavo Planche, Sainte Beuve. Los polemistas políticos, ya libres cuando los Orleanes suprimieron la censura y desencadenaron la prensa, agitaban el aire con sus luchas, que resonando fuera de Francia, sirvieron de modelo a las de otros países; la tribuna parlamentaria y el púlpito también removían ideas, despertaban hondas inquietudes, y contribuían a formar aquella atmósfera vibrante, excitadora y preñada de futuras renovaciones que influye sobre Balzac y le inspira a veces.

Sin género de duda, lo visible de Francia son sus ruidos y sus escaramuzas intelectuales y políticas; pero en Francia estas funciones de pólvora no impiden que se trabaje tenaz y oscuramente. La tranquilidad de la restauración y las tendencias progresivas de los Orleanes favorecieron el incremento de los estudios clásicos, filológicos y arqueoló-gicos; se ahondó en la historia literaria, documental, en el orientalismo y la egiptología, felizmente inaugurada por las indagaciones de Champollion. La *Ecole des Chartes* reanudó la paciente labor de los Benedictinos de San Mauro; los helenistas se sumieron en el fresco pozo de los estudios clásicos; y el cosmopolitismo y el espíritu hospi-

14

talario de Francia se revelaron en la ciencia, porque se consagró ardor y perseverancia a estudiar los monumentos literarios e históricos de pueblos hasta entonces desdeñados (excepto por los misioneros, que en esto son los precursores de la erudición contemporánea). A un tiempo mismo se descubría el vasto y arcaico continente de la literatura sánscrita y se reconocía el valor de los dialectos romances. Prosperaban, juntamente con estos trabajos de incalculable fruto, la filosofía y el derecho; recuérdense los intentos de restauración espiritualista de Maine de Biran y Royer Collard, el eclecticismo de Víctor Cousin y de sus discípulos Rémusat y Jouffroy, el nacimiento de la escuela positivista, con Augusto Comte; y en derecho y sociología, a Proudhon, a Cormenin, a De Gerando, a Rossi, a Laboulaye, a Michelet. He tenido ocasión, en esta serie, de reseñar la obra histórica del período romántico y de transición: es una de las ramas más cargadas de fruto, y en tal respecto, como en otros muchos de la producción intelectual, Francia tuvo poco que envidiar a Alemania, donde, si debe admirarse el especialismo, documentado y serio, no suelen los historiadores poseer la sugestión y el arte de un Thierry.

Lo que entonces se llamaba economía política y hoy suele llamarse ciencia social, tomó vuelo entre el fragor del combate ideológico y las nubes de fuego y oro de la utopía.

15

Bastiat, Miguel Chevalier, Rossi, Proudhon con su anarquismo; San Simón y sus discípulos comunistas; Enfantin y Bazard con su mezcla de extravagancias y chispazos geniales; Fourier con su célebre falansterio; Cabet con su *viaje a Icaria*; Pedro Leroux y Luis Blanc con sus planes de organización del trabajo y sus talleres sociales, integran ese período de hervor cerebral que precede a las revoluciones y prepara, a más largo plazo, los golpes de Estado que las enfrenan; son los representantes de la inquietud más intensa y general, entre la aparente calma que tranquiliza a los burgueses, a los Birotteau, cuyo tipo dibujó Balzac magistralmente.

Aunque no comparemos su florecimiento al de los grandes períodos de Italia, España y Flandes, las Bellas Artes no decayeron entonces en Francia; el Imperio había creado, es cierto, el último *estilo* que podemos registrar en los anales artísticos, si prescindimos del modernista actual; ni la Restauración ni Luis Felipe tuvieron estilo propio; las Artes, sin embargo, no se paralizaron, y la arquitectura, y en especial la escultura y la pintura y el dibujo y la litografía y las innumerables ramificaciones artísticas de la industria estuvieron a la altura ateniense que en París han alcanzado y sostienen aún, para honor de la cultura latina. En música, si no pudo Francia competir victoriosamente con Italia y Alemania, las siguió de cerca; la ópera se con-

16

virtió, de solaz palaciego, en espectáculo nacional; y en la primera mitad del siglo, el arte musical francés inscribe, después del nombre de Boïeldieu, los de Herold, autor de *Zampa*; Halevy, de *La Hebrea*; Auber, de *Fra Diavolo*; Feliciano David, de *Lalla Roukh*, y el más grande y el menos comprendido de todos, Héctor Berlioz, que, como Stendhal, sólo es reconocido en su pleno valor mucho después de muerto. En el espectáculo de la Ópera se concentra el hervidero del dandismo parisiense, aquellos pugilatos de elegancia y vanidad cuyo dramático fondo posee en Balzac su concienzudo historiador.

Donde con mayor empuje se revela la nueva Francia, es en el impulso científico: dos columnas de las ciencias exactas, físicas y naturales –la astronomía y las matemáticas– ascienden rápidamente desde 1830. La Física y la Química inscriben en sus anales nombres tan altos como los de Arago y Ampere, genialísimos inventores y descubridores, Chevreuil y Dumas. Ilustran la Filosofía y conocimiento de la naturaleza Lacepéde y Agassiz, Sainte-Claire Deville y Elías de Beaumont; propágase la afición a exploraciones y viajes científicos, y se inmortalizan los de los buques *Urania* y *Astrolabio*. Los anatómicos y los histólogos colocan a la Medicina francesa a una altura de la cual no ha descendido; figuran entre ellos Geoffroy Saint Hilaire, Cruveilhier y Raspail, fisiólogos como Magendie y

Flourens y esa legión de facultativos eminentes, de ilustres cirujanos como Dupuytren y Delpech, donde encontró Balzac al protagonista de su *Misa del ateo*.

La ciencia invade la vida; tal es la evolución capital de todo el sentido reciente, de toda la marejada histórica. Napoleón, pensativo, había visto cruzar el primer barco de vapor; pocos años después pueblan el Océano, precediendo a los ferrocarriles que, vencedores, surcan la tierra. El gas ilumina las noches parisienses y convierte a París en metrópoli del placer y del cosmopolitismo: la industria pone al alcance de los más humildes ciudadanos comodidades, y hasta lujos que antes se desconocían; la sed de oro enfebriliza las venas: se forma la clase obrera, dispuesta a trabar su gigantesca lucha con el capitalismo, y se marca y profundiza esa división de clases, característica de la sociedad moderna, y que Balzac en su *Comedia* ha definido magistralmente.

Por reacción natural en pos de tantas alarmas y acontecimientos, la sociedad –tomada la palabra en su sentido más fútil (no tan fútil, sin embargo, que no influya activamente)–, la sociedad, decíamos, se reanima, los salones rebosan, y por consecuencia la mujer, elegante y elevada, es reina absoluta. El reinado de la mujer transforma las costumbres y acrece el ansia de goces, de dinero y posición. Los apetitos se despiertan como alanos hambrientos;

va a empezar el alalí; el segundo Imperio tiene preparado el terreno, y Sedán, cuando llegue, no sorprenderá a nadie sino a los todavía soñadores. He aquí el elemento épico de Balzac, y por el cual este novelista puede decir, como dijo de sí propio, con singular perspicacia, Don Ramón de la Cruz, que escribe la historia de su tiempo. A pesar de las amplias concesiones a la ficción que Balzac no escatima; a pesar de su copiosa invención de novelador y hasta de visionario, las realidades de la primera mitad del siglo XIX están contenidas en la *Comedia humana*, y el historiador que la desentrañe, desentrañará también sus consecuencias, percibirá el alcance de un cambio tan radical, y respetará el genio de quien supo comprenderla y salió del valle del lirismo subjetivo a los anchos campos de la epopeya, tal cual hoy puede ser. La generación romántica y la generación positivista, la poesía y la verdad encontraron en Balzac un pintor a la vez exacto y entusiasta (como debe ser el que transcribe lo material, y juntamente el espíritu de la historia). La complicación, la suntuosidad, la fuerza, el sordo estímulo, los gérmenes de descomposición, los restos de una Francia muy grandiosa que 1893 había destruido, la formación de otra Francia no consolidada aún a esta hora, ningún artista de la pluma los ha encerrado en el molde de su obra, más que Balzac. Y después de reconocer que así es en efecto, lo que digamos de tal obra y tal

19

hombre, aunque lleve el sello de severidad que impone, en arte, la justa exigencia de perfección, no amenguará su gloria, fundada principalmente en el acierto felicísimo de ver la colectividad donde otros habían visto sólo el individuo, y de verla con el vigor y el relieve individual, fuera del egoteísmo y la excepcionalidad romántica. Es seguro que Balzac está embebido de romanticismo –y sin embargo, el romanticismo recibió de este gran poeta épico mortal herida–.

Lo que va a leerse acaso acaso no parezca muy nuevo; pero válgame la aserción de uno de los biógrafos de Balzac, Gabriel Ferry, el cual aseguraba, ha pocos años, que la mayoría del público francés apenas si conoce de Balzac dos o tres libros y el sonido del nombre, siendo, por lo tanto, permitido creer que los lectores españoles aún conocerán menos.

Honorato de Balzac nació en Tours el año de 1799, de familia ni muy aristocrática ni opulenta; su padre era reflexivo, su madre imaginativa y activa –combinación que se refleja en el temperamento del hijo–. No fue Balzac un niño prodigioso como Víctor Hugo; al contrario: en el colegio –aturdido por una especie de congestión de ideas, ahíto de lecturas furtivas, mal acomodadas aún en su memorión– parecía un sonámbulo. La familia no le creía capaz de nada extraordinario, y si se le escapaba al muchacho una frase, su madre exclamaba riendo: "Ni tú mismo sabes lo que acabas de decir".

Cuando la familia se trasladó a París, contaba quince años Balzac. El futuro autor de *La comedia humana* tuvo ocasión de atender a las lecciones de Villemain, Guizot y Cousin, que le entusiasmaron. Los padres de Balzac sufrieron quebrantos en su fortuna; se recogieron al campo, y quisieron que entrase en el estudio de un notario su hijo; este se negó y se quedó en París, en la clásica boardilla bohemia del literato novel. Allí empezó el ejercicio violento de la voluntad de Balzac. Casi en la miseria, casi hambriento, escribía a su hermana Laura, su confidente, que desde un principio tuvo fe en él: "Voy a pedirle a Su Santidad la primer hornacina de mártir que quede vacante". Compuso una tragedia, la leyó a varios amigos, y el fallo fue que debía dedicarse a cualquier cosa –excepto a las letras–. No se desalentó: tenía resortes de acero, y falta le hacían, pues a nadie se le regateó tanto el triunfo, o, mejor dicho, se le negó hasta última hora, hasta la consagración por Taine. Otros escritores –Chateaubriand, Víctor Hugo, por ejemplo– fueron célebres desde su revelación. Balzac recorrió una senda de abrojos, escribió con ansia, unas veces por el arte y otras por vivir; como que se negó resueltamente a reconocer la paternidad de varios libros que no parecen suyos, aunque lo sean.

Los tanteos y desorientaciones de Balzac se explican. No había nacido ni para poeta lírico o dramático, ni para novelista romántico, que fue otra forma de poesía (recuérdense *Pablo y Virginia*, *Atala*, *Valeria*, *Graziella*), sino para novelista épico, género que no existía aún; y era esta vocación, mal definida, que no acertaba a concretar, la que le infundía ardiente admiración por la novela histórica de Walter Scott, haciéndole escribir a Laura: "Te recomiendo que leas *Kenilworth*: es la cosa más hermosa del mundo". Pensando así de Walter Scott, Balzac calificaba sus propios primeros ensayos de *porquerías*, y sólo echaba tales abortos al mercado a fin de comer.

Entretanto, su instinto le guiaba confusamente a frecuentar algunos salones literarios, entre ellos el de Sofía Gay, donde entonces se hacía a todo trapo *filhelenismo*. Para satisfacer sus aficiones de observador, el menesteroso Balzac tenía que valerse de trazas parecidas a las que en alguna de sus novelas reseña. Allí se granjeó el entonces desconocido escritor esos primeros amigos literarios, que al llegar la hora de la victoria suelen convertirse en enemigos; y allí sufrió torturas de amor propio por cuestiones de indumentaria y posición, semejantes a las de su héroe Rubempré. Lamartine describió, a lo vivo, en esa etapa, el aspecto de Balzac, de tipo ordinario, de frac corto de mangas y camisa gorda y mal hecha. Cuando un provinciano, con este equipaje se cae bailando, como Balzac se cayó, la risa de las mujeres corea su desgracia. Martirizado en la vanidad, que radica cerca de la sensibilidad profunda, Balzac vio con lucidez la terrible energía de dos factores sociales a que los novelistas anteriores (excepto el abate Prévost) no habían solido otorgar toda su importancia: el dinero y las exterioridades del lujo. Sus estudios, en este respecto, son definitivos.

La imperiosa necesidad de dinero fue causa de que pensase, en mal hora, en negociar. La literatura tardaba en producir, y el padre hablaba otra vez de protocolos. También este episodio de su vivir aparece con sorprendente vigor reflejado en sus novelas; porque Balzac, el novelista épico, puso en la obra tanto de sí mismo como el más lírico –sólo que lo puso al modo impersonal, tomándose por ejemplar de un estado y una época–. La biografía de Balzac, que no encierra acontecimientos dramáticos *por fuera*, está, sin embargo, llena de intensas emociones, que exageraba una sensibilidad fogosa; dramas interiores proyectados después en los vidrios de la mágica linterna que se llama la *Comedia humana*, mediante ese don de generalizar lo particular, propio de los grandes creadores. Por eso no cabe prescindir de la biografía de Balzac, clave de su producción novelesca. Las angustias del vencimiento de pagarés, las torturas morales de la quiebra, los terrores de la ruina de *César Birotteau*, los padeció Balzac.

Decíamos que acometió diversas especulaciones, metiéndose en empresas editoriales, en negocios de imprenta y fundición, que no sólo le salieron mal de remate, sino que le atollaron en deudas. Era Balzac delicado y probo; quiso pagar y se impuso una labor hercúlea, de buey uncido al arado día y noche. A veces sentía impulsos de arrojarse al Sena, y no lo hacía por no defraudar a sus acreedores. Tuvo temporadas de no salir a la calle por no gastar ropa. "Vivo –solía decir– como liebre corrida". Para trabajar más, comía a las cinco, se acostaba a las seis, dormía hasta media noche y a esa hora se levantaba, y entre silencio y quietud escribía durante catorce o dieciséis no interrumpidas horas.

Esta labor violenta, necesariamente malsana, es otra circunstancia que conviene no olvidar para explicarse las imperfecciones de la obra de Balzac, sus excesos y sus defectos. No es criatura nacida normalmente, sino extraída con el fórceps, cuyas huellas se señalan en las carnes. Intoxicado de café, braceando en un mar de tinta, anhelando para llegar al número de cuartillas exigido por el editor, trazó Balzac (que no tenía la producción fácil) muchas páginas maravillosas, modeló vigorosamente ejemplares típicos de humanidad; pero la genial fundición trae escorias y rebarbas, como el modelado desproporciones y descuidos.

Fue curioso que donde Balzac puso la mano para pretender negociar con desdicha, viniese después otro especulador y se enriqueciese. Una de las empresas de Balzac merece contarse porque revela el poderío de su imaginación y la increíble fuerza de su voluntad. El episodio parece de novela y es auténtico –¿quién ignora que la realidad en sus combinaciones es más novelesca que la ficción?–. Era, pues, Balzac muy aficionado a la lectura de Tácito, y en Tácito había visto que en la isla de Cerdeña existían minas de plata, explotadas por los romanos en otro tiempo. Se le incrustó la noticia en el magín, y hallándose en Génova en 1837, tuvo ocasión de hablar de este asunto con cierto industrial, al cual dijo que siendo imperfectos los sistemas romanos de explotación, debían de quedar en las abandonadas minas abundantes residuos de mineral. El genovés convino y quedó en enviar a Balzac a París muestras de los residuos: si el negocio prometía, lo explotarían a medias. Pasó tiempo y nada enviaba el socio; pero Balzac, que no cesaba minas de Cerdeña, empeñó alhajuelas, pidió prestado y juntó fondos para el viaje. Cinco días en el *cupé* de una diligencia, alimentándose con leche por ahorrar; travesía molestísima de Tolón a Ajaccio; espera en Ajaccio de la chalupa de un pescador de coral, que gasta otros cinco días en trasladarle de Córcega a Cerdeña, con la incomodidad y suciedad que se presume; al llegar a Cerdeña, cuarentena por causa del cólera, teniendo por lazareto la misma chalupa, aguantando las rachas a vista del puerto; desembarco al cabo de otros cinco días, en medio de una horda, en un país entonces bárbaro e inhospitalario; expedición a lomos de un mal rocín a través de montes y breñas, vadeando ríos con el agua a la cintura, en busca del distrito de Argentara, donde estaba el tesoro: tal fue la tremenda odisea de Balzac. Y cuando rendido, pero no exánime, llega al distrito de tan significado nombre, encuentra que aquel negociante de Génova, a quien se había confiado, estaba explotando la mina por cuenta propia: en las escorias y plomos había plata por valor de un millón de francos. Con tal motivo, Balzac escribía a uno de sus amigos: "He estado en Cerdeña y no me he muerto: he encontrado el millón que soñaba... pero en manos de otro, desde tres días antes de llegar yo. He sentido como un desvanecimiento... y cuento acabado".

Así la posesión del cerebro analítico más observador de la amarga realidad es compatible con el candor, con esa instintiva y temible confianza en nuestros semejantes, el mayor peligro en la vida de relación humana. *Acuérdate de desconfiar*, había dicho otro gran novelista; Balzac lo olvidó –y le costó recibir lección tan dura–. Rastros de la

26

aventura de Cerdeña y de las demás empresas de su autor encontramos en la obra. La novela que empezó a dar a Balzac algún renombre, la original *Piel de zapa*, traduce ese mismo fantástico sueño de oro, que llenó la existencia de un hombre por otra parte desinteresado y desprendido hasta lo sumo. En una sociedad donde aparentemente se luchaba por idealismos políticos y religiosos. Balzac adivinó la verdadera fuerza que movía los resortes, la cuestión económica imponiéndose ya a las restantes. Este problema, Balzac nos lo ha hecho tocar con la mano, ver con los ojos de la cara. Su historia entera es un comentario de esa ley: comparadla a la de Lamennais, turbada por los problemas de la conciencia; a la de Jorge Sand, agitada por los de la pasión; a la de Víctor Hugo, devorada por el ansia de popularidad y renombre, y veréis que en Balzac sólo hay (aparte de un romántico amor tardío, también cohibido y malogrado por el maldito dinero) lo económico, que le atormenta doblemente, por lo mismo que no es Balzac un vulgar codicioso, sino un poeta que aspira al oro, porque el oro, como dijo Bécquer, sirve para hacer poesía. Hombre de su época, y siendo su época la del refinamiento y exaltación del goce por la riqueza, Balzac quería ser rico para realizar sueños hermosos. El estudio de la fuerza implacable del dinero ha dictado las páginas tan conmovedoras de *Eugenia Grandet*, las desgarradoras de *Papá*

Goriot, las escritas con vitriolo de *La prima Bette,* las fantásticas de *La piel de zapa.* Será inútil que Zola escriba más adelante una novela toscamente titulada *El dinero,* pretendiendo agotar la materia: sólo conseguirá demostrar que el recargo de notas es una cosa, y otra la lucidez para sorprender y captar el alma de una tesis. Lo que podríamos llamar la *piedad* y el *terror económicos,* nadie los ha sentido ni los ha hecho sentir como Balzac.

El cual, a pesar de todo, jamás hubiese sido rico, porque era caprichoso y fastuoso –aspecto de su personalidad que también resalta en sus libros–. Una de las cosas que en mayores apuros le pusieron fue la adquisición de cierta casa de campo cerca de París, llamada *Les Jardies,* adonde van ahora en piadosa peregrinación los admiradores de Balzac, y que yo he visitado. La casa era mezquina, en declive, sin arbolado la finca –pero Balzac se enamoró de tan desagradable oasis–. Por poseerlo volvió a entramparse cuando estaba ya casi desempeñado, y se pasó de claro en claro las noches trabajando como un negro. La manía de Balzac era reunir en tan mezquina residencia las mejores joyas artísticas, lo más exquisito en mobiliario y decoración. Nos dice León Gozlan que los proyectos de Balzac para *Les Jardies* eran infinitos, y que sobre la pared de cada aposento había escrito con carbón las riquezas de que pensaba dotarla; y durante muchos años pudo leerse sobre la paciente superficie del estuco: "Revestimiento de mármol de Paros... Techo pintado por Delacroix... Tapicería de Aubusson... Pavimento de mosaico de maderas preciosas...". Nunca pasó este programa de la fantasía a la realidad; pero Balzac, tan moderno en todo, lo fue también en esta necesidad del interior rico y poético –anhelo que no vio satisfecho sino a las puertas de la muerte–.

La *Comedia humana* no merecería su título profundo, a no palpitar en ella la otra fuerza elemental de la vida, el amor, o (si la palabra parece timbrada de romanticismo) el instinto de reproducción y sus consecuencias pasionales y sentimentales. Y, en efecto: así como lo encontramos en la biografía de Balzac, lo encontraremos en su obra. La mujer influyó decisivamente en la existencia de Balzac, por lo mismo que aquel hombre grueso, pequeño, de facha prosaica, a lo Gaudissart, era un sentimental, casi un platónico, y necesitaba a la mujer para la comunicación espiritual principalmente. Sus amistades, sus afectos, entre mujeres los eligió. Sin hablar de su madre, su hermana, la Duquesa de Abrantes, la Duquesa de Castries, Jorge Sand, la Carraud, madama de Berny, la Condesa Hanska, fueron modelos de esa serie de mujeres encantadoras y tan sentidas y verdaderas, que desfilan por los cristales de la *Comedia humana*. Madama de Berny es la heroína de *La azucena en el valle*; *Camila Maupin* es Jorge Sand; la

29

Duquesa de Langeais es la Duquesa de Castries –una coqueta que desesperó a Balzac–; Madama Carraud es el tipo de la *mujer incomprendida*, tipo que debe incluirse entre las conquistas de Balzac y las notas características del romanticismo: el *Quijote* de este tipo específico lo escribió Flaubert en *Madama Bovary*. Acaso ningún novelista superará a Balzac en el sentido y percepción del eterno femenino, perspicacia no incompatible con la ilusión realmente cándida y delicada que demostró en materias amorosas. El autor de la *Fisiología del matrimonio* y de los *Cuentos de burlas o gorja*, fue muy rendido y finísimo amante, como lo demuestra la historia de sus largas relaciones con la condesa Hanska, aristócrata rusa, con puntas y ribetes intelectuales, admiradora de Balzac, al cual, en los principios de su amistad apasionada, inspiró la idea, no muy feliz, de la novela místico-espiritista *Serafita*. Bien puede asegurarse que esta pasión sincera y constante, y contraída en la madurez, no favoreció al atareado y siempre ahogado autor de la *Comedia humana*. Acaso excitó su imaginación de artista, pero contribuyó poderosamente a destruir su organismo, ya tan gastado, por las emociones del orden moral que le produjo. Las frecuentes, interminables ausencias, los recelos continuos de perder un bien tan estimado, la esperanza de asegurarlo, el dolor de ver correr años sin conseguirlo, debieron de contribuir a causar a

Balzac el padecimiento cardíaco que le llevó al sepulcro. Diecisiete años perseveró en un sentimiento sólo interrumpido por la muerte, y en el cual había todas las ternuras de la amistad y todo el fuego del amor. He leído en algún biógrafo que la condesa no pagaba ni estimaba en su valor el apego absoluto y extremoso de Balzac.

No existe, entre las novelas que Balzac pudo escribir (con los elementos autobiográficos y los caracteres de autorretrato que se encuentran, por ejemplo, en *Albert Savarus*), ninguna tan triste, amarga y hecha para sancionar el concepto más pesimista, como la vida íntima del propio escritor. Causa una impresión de fatiga, desaliento y piedad infinita considerar la eterna, febril, gigantesca labor de Balzac, su aspiración exaltada a ganar el desahogo y el reposo para los últimos días de la existencia, y con el reposo un hogar y la dulce compañía de una mujer; pensar que quien así combatía y se afanaba sin tregua era el gran autor de tanto estudio maestro, de tanto perfecto análisis; y ver que, al poner la mano sobre el fantasma de su dicha, iba el fantasma a deshacerse en niebla de cementerio. En Marzo de 1850, hecho un cadáver, se unió por fin Balzac a la Condesa Hanska; en Agosto falleció. Se representó en su destino el dramático asunto de *La piel de zapa*: al cumplirse el deseo, se acorta y contrae la tela del vivir, y con la última y suprema aspiración, desaparece...

31

Cuando apenas quedaba de la piel de zapa un retacillo imperceptible, Balzac lanzó a la obra de toda su existencia esa ojeada lúcida con que en la postrimería se contempla el pasado en su conjunto; y suplicante, lívido, humedecidas ya las sienes por el sudor de la agonía, pidió al médico que le asegurase seis meses, seis semanas, seis días para retocar la *Comedia humana*, eliminar las páginas inferiores, sobrantes, acentuar las hermosas y superiores. Dícese que el médico movió la cabeza y que este movimiento fue el tiro que remató a Balzac. Sea verdad o no, la insensata súplica de Balzac patentiza que en el grave momento comprendió dos cosas: que su labor está llena de imperfecciones, que es recargada, excesiva como una pagoda asiática, y que, con todo eso, su labor es su gloria, y que los demás afanes que le torturaron –posición política, sillón no obtenido en la Academia, antigüedades preciosas, riqueza–, eran apariencias, ilusiones, engaños; que él era novelista, creador de un género, y que, por eso y sólo por eso, al caer sobre la almohada su cabeza inerte, empezaba su victoria.

El primer impulso de sorpresa que causa la labor de Balzac es del género cuantitativo, y parecería poco halagüeño para un escritor, si no fuese que tal asombro (en quien no se limita a mirar la fila de volúmenes alineados, sino que calcula su importancia) se convierte en admiración a la intensidad de la obra. La sensación peculiar de Balzac, en conjunto, es de hercúleo vigor, ejercitado con lo que él mismo llamaba "infernal coraje".

La segunda impresión es de algo dinámico, en perpetua actividad. Hay obras de arte que nos parecen fundidas en bronce o cuajadas en mármol. Las de Balzac, a la vuelta de más de medio siglo, dijérase que conservan la fiebre, la agitación fecunda del acto creador, y también de la continua transformación que sufrieron bajo la pluma del que las escribió, o descontento y anhelante de mejorar lo producido, o dudoso en la concepción del plan general que hervía a borbotones en su mente y que definió tan tarde.

Los que vinieron después de Balzac –por ejemplo, Zola– encontraron trazadas las líneas de la obra épica y serial. La ambición de escribir con vistas al mundo entero tenía ya precedentes. Balzac, que abrió el camino (y probablemente lo cerró, o al menos lo obstruyó con su formidable personalidad), no supo en los primeros momentos, y acaso hasta los últimos, adónde se dirigía. Sus tanteos, sus corazonadas, sus presentimientos, sus intuiciones, su tenaz porfía, sin un instante de desaliento y descanso, son un caso de valentía y ejercicio de voluntad, en que la raza latina (y no hay que decir si Balzac es latino) afrenta a la sajona.

Nunca cesó Balzac de refundir, reducir, amplificar, suprimir capítulos, agregar páginas y partes enteras, anunciar novelas que jamás vieron la luz, proyectar otras que nunca escribió, rectificar la clasificación de sus libros; y Carlos de Louvenjoul, el paciente y documentado autor de la *Historia de las obras de Balzac*, nos dice: "Especialmente sus primeros escritos, han sido rehechos varias veces, y la versión definitiva es completamente diversa, como forma, de la versión original. Cuando acertó con el plan de la Comedia humana, cambió y modificó también casi todos los nombres de los personajes, fuesen reales o imaginarios, de modo que encajasen mejor en el gigantesco monumento, y hasta la muerte prosiguió Balzac esta faena revisionista, siendo imposible indicar todas las variantes".

Las *juvenilia* de Balzac no figuran en la edición definitiva de sus obras, y en realidad no lo merecen. Son novelas publicadas bajo pseudónimos diversos, a impulsos de la necesidad, y en las cuales se ve el propósito de imitar a Walter Scott; esta poderosa influencia del novelista

34

escocés sobre Balzac, que, como veremos, fue duradera y alcanzó a la *Comedia humana*, orientó desde luego al imitador en un sentido del cual realmente ya no vuelve a desviarse: el *histórico*. En 1822, cuando Balzac, dejándose de tragedias, empieza a urdir novelas, el romanticismo, siguiendo las huellas de Chateaubriand en *Los mártires*, se impregna del sentimiento de lo histórico, se empapa en la pintoresca belleza del pasado, y tal movimiento, que transforma el lirismo y lo convierte insensiblemente en elemento épico, se refleja, no sólo en los libros de los historiadores propiamente dichos, sino en la pintura, en la escultura, en el mobiliario y en la literatura de imaginación: a la cabeza, Walter Scott, adorado y reverenciado como un ídolo, desempeña ese papel tan característico de guiar a una generación literaria hacia un punto dado, para que al fin llegue a otro–. Detrás de Walter Scott escribió Víctor Hugo *Han de Islandia* y *Nuestra Señora de París*, y ¡oh mal empleada constancia!, continuó escribiendo, pasada la moda, *Noventa y tres*; detrás de Walter Scott fueron Vigny con *Cinq Mars*, Mérimée con la *Crónica de Carlos IX*, y hasta el propio Dumas con sus célebres *Mosqueteros*; mas también Balzac hubo de seguirle, primero en sus flojas novelas repudiadas, después en otras más fuertes, como *Catalina de Médicis*; y siempre dirigido por la idea romántico-histórica, llegó a darle verdadero cuerpo y sangre en

35

la totalidad de la Comedia humana, donde se disuelve el romanticismo.

Aunque Balzac repudie sus *juvenilia*, esas narraciones llevan la marca formal del autor. No es lo mejor de Balzac la forma, pero es inconfundible, y las primeras páginas descriptivas de *Don Gigadas* podrían ser el exordio de *Los labriegos*, una de las mejores creaciones de Balzac. El escritor –en Balzac de segunda, así lo entienden muchos críticos– no adquirirá cualidades relevantes de estilo ni al yunque de la producción y de la corrección continua. El que va a destacarse no es el escritor, sino el historiador –un historiador muy distinto del que trazó las páginas de *Quintín Durward* e *Ivanhoe*–.

Balzac había principiado a publicar libros veinte años antes de que saliese a luz el prólogo de la *Comedia humana*, el cual precede sólo ocho años a la muerte del autor. Corrían impresas ya *Los chuanes*, la *Fisiología del matrimonio*, *La paz del hogar*, *La doble familia*, *La mujer a los treinta*, *La piel de zapa*, *El coronel Chabert*, *El cura de Tours*, *La abandonada*, *Luis Lambert*, la *Historia de los trece*, *El médico de aldea*, *Eugenia Grandet*, *Papá Goriot*, *La azucena en el valle*, *La solterona*, *Ilusiones perdidas*, *César Birotteau*, *La casa de Nuncingen*, *El cura de aldea*, *Beatriz*, *La musa del departamento*, *Un asunto tenebroso*, *El hogar de un solterón*, *Úrsula Mironet*, *Alberto Savarus*; enumera-

36

ción incompleta que basta para explicar hasta qué punto la *Comedia humana*, aun cuando careciese de programa entregado al público, estaba en pie, con la relación de solidaridad que engrana los resortes de tan asombroso mecanismo. Desde que el programa aparece, en Julio de 1842, se agregan a la labor ya realizada algunas páginas de las más salientes, como *Los labriegos*, *Los parientes pobres*, *El diputado de Arcis*, *Modesta Mignon*, *Honorina*, *Madama de la Chanterie*; pero quedan en proyecto, detenidas por la mano esqueletada que para el reloj cuando quiere, una tercera parte de los *Estudios* que habían de formar el conjunto, especialmente los *Estudios de la vida militar*, las *Escenas de la vida política* y los *Estudios filosóficos*. Comprende el programa de la *Comedia humana*, además de estos estudios, los de *costumbres*, *vida privada*, *vida de provincia*, *vida parisiense*, *vida rural*, y como remate o corona del enorme edificio, los *Estudios analíticos*, de los cuales sólo poseemos uno, que por cierto no me resuelvo a incluir entre lo mejor de la obra, a saber: la *Fisiología del matrimonio*.

El prefacio de la *Comedia humana* es un documento que por sí sólo bastaría para fijar los principales caracteres de la transición literaria de lo lírico a lo épico, del romanticismo al naturalismo. Compárese al célebre prefacio-manifiesto de *Cromwell*, de Víctor Hugo, ese agudo grito de rebeldía, esa reclamación vibrante de la libertad absoluta y anárquica del genio, con el *Prefacio* de Balzac, que es todo él un acto de sumisión del genio al método, a la observación y a las leyes científicas, físicas y naturales que rigen lo creado y se imponen a la criatura. En el manifiesto de Víctor Hugo, dijérase que a la humanidad le han salido en los hombros unas alas de cera, con las cuales intenta acercarse al sol. En el manifiesto de Balzac no hay vuelo: hay la actitud de afirmar las plantas de los pies en la tierra; el estudio del hombre parte de la noción de las especies animales. Víctor Hugo no ve más que a sí mismo, *el genio*. Balzac ve cuanto está a su alrededor, y nos dice: "La sociedad se parece a la naturaleza, y determina en el hombre, según los medios, tantas variedades como especies zoológicas se conocen".

He aquí patente la evolución de lo individual a lo general, de la poesía a la ciencia. Los maestros que invoca Balzac son Geoffroy Saint Hilaire y Lamarck, como hoy invocó Brunetière, tan católico, a Carlos Darwin. Su aspiración es representar en libros el conjunto de la antropología social, según Buffon representó el de la zoología. La deficiencia de la historia es referir sucesos sin demostrar el mecanismo de móviles y causas, lo cual no puede hacerse sin estudiar la vida privada, la vida íntima de cada período. El ardiente deseo de remediar esta deficiencia acucia a

Balzac, y confiesa que al pronto ignoraba cómo pudiera hacerse, toda vez que los mejores novelistas, hasta entonces, sólo retratan una faz de la vida, sólo crean dos o tres personajes; verdad que estos personajes ficticios tienen existencia más auténtica y duradera que los seres materialmente reales. Leyendo, sin embargo, a Walter Scott, halla Balzac reunidos el drama, el diálogo, el retrato, el paisaje, la descripción, lo maravilloso y lo verdadero; únicamente nota que falta la coordinación sistemática de tantos elementos. Quien coordine los elementos de la vida podrá realizar lo que no realizó el escocés... La sociedad francesa será el historiador, Balzac el cronista, y se habrá escrito, siquiera una vez, la historia verídica de las costumbres de una época.

Todavía le parece poco a Balzac. El historiador está obligado a desentrañar el oculto sentido de tantos hechos, para calificarlo y juzgarlo. Retratada así la sociedad, lleva consigo la razón de su propio movimiento. En armonía con esta necesidad, Balzac expone sus ideas y sus principios políticos y religiosos, de los cuales hablaremos. El prefacio de la *Comedia humana* es curioso, porque demuestra cómo Balzac se daba exacta cuenta del mundo que ha creado, y que ansía completar si, colmando, el deseo de sus editores, le concede Dios larva vida. "Mi obra –dice– tiene su geografía como tiene su genealogía y sus familias, sus lugares y sus objetos, sus personas y sus hechos; como tiene su heráldica, sus nobles y sus burgueses, sus artesanos y sus labriegos, sus políticos y sus pisaverdes, su ejército, su universo, en resumen". Compendio de la existencia humana, las escenas de la vida privada representan la niñez y la adolescencia; las de la vida de provincia, las pasiones, los cálculos, el interés y la ambición; las de la vida parisiense, los vicios y el desenfreno, el sumo bien y el sumo mal; las de la vida política, las personalidades excepcionales que están fuera de la ley común; las de la vida militar, los períodos de anormalidad; las de la vida rural, el reposo vespertino (y dicho sea entre paréntesis, y a propósito del reposo, quizás en ninguna de sus obras desenvolvió Balzac dramas tan violentos como en las tres narraciones que forman el grupo aldeano). Tal fue el vastísimo plan de Balzac, y si no consiguió darle cima, tampoco ha venido después nadie que lo consiguiese.

Recordemos un instante la obra serial de Zola, los *Rougon Macquart*, no en páginas aisladas, sino en conjunto, y digamos sinceramente que Balzac todavía es el único creador de la única *Comedia humana*.

La idea épica de la *Comedia humana*, más o menos concreta, es, sin embargo, antigua como las literaturas. Los vastos y ramificados poemas indios, por ejemplo, el *Mahabarata*, encierran una representación total, histórica, de la sociedad y las costumbres de su tiempo. Dejado aparte su sagrado carácter, otro tanto puede decirse de la Biblia. La *Odisea* y la *Ilíada* contienen el cuadro de una época, y en la *Odisea* especialmente hay una fiel transcripción de costumbres. En la *Eneida* tampoco falta este elemento social. La Edad Media recogió esa aspiración totalista, como recogió cuantas había legado la antigüedad; y las *Sumas*, predecesoras de las *Enciclopedias*, responden al mismo afán de abarcar en conjunto y organizar en sistema lo que cabe saber y conocer de la vida y del universo. Igual propósito inspira al Alighieri, y por algo se dijo que Balzac bebió su inspiración, y hasta buscó su título en la *Divina comedia*, a la cual llamó su propio autor "el poema sacro en que colaboraron la tierra y el cielo", y donde se encuentra la representación cabal de la Edad Media, y especialmente del siglo XIII, con sus luchas, sus odios, sus utopías, sus ideas filosóficas y sociales, sus conflictos históricos, su arte, su misticismo, sus dramas de amor y sangre –lo que realmente tuvo a su alrededor el poeta, el ambiente que respiró–.

Para llevar a cabo este género de empresas no basta proponérselas reflexivamente. Si alcanzasen el propósito y la paciencia, hubiésemos tenido muy diversos ejemplares de *Divina comedia* y *Comedia humana*. Hay en la obra de Balzac un cálculo y método que, a pesar de mil caprichos

41

y digresiones, podríamos llamar severo; hay una demostración de tenacidad inquebrantable, que será siempre asombro de la crítica; pero lo que principalmente hay, y lo que no podía dejar de haber, es una disposición genial para aprovechar y transformar los datos adquiridos mediante aquella lucidez casi morbosa que él expresaba diciendo: "Desde niño poseo una sensibilidad para la percepción de lo externo, que me penetra a cada instante como un cuchillo agudo en el corazón".

Empezando por reconocer que el escritor más objetivo, más impersonal, más histórico, más enemigo del individualismo –son las señas de Balzac–, no es nunca sino un *individuo genial*, es decir, un ser de excepción, comprenderemos lo baldío de ciertas discusiones, en que se aquilata si lo que Balzac llama *estudios* son, en efecto, *estudios*, esfuerzos de aplicación para recoger materiales y anotar hechos, y si la sociedad que aparece en la *Comedia humana* se parecía, rasgo por rasgo, al retrato que dibuja Balzac. Seguramente Balzac no miente cuando hace profesión de seguir un método científico, cuando invoca los nombres de Lamarck y de Geoffroy Saint Hilaire. No menos seguramente, Balzac no es, ni por asomos, lo que se dice un *hombre de ciencia*, y no existe contradicción entre esta verdad y el título que suele prodigársele de *doctor en ciencias sociales*. Para el literato, seguir un método científico significa la adaptación o la conformidad de su idea directriz con lo que la ciencia, en su actual desenvolvimiento, tiene indagado y reconocido; esto es lo que podemos llamar conocimiento suficiente; pero no es el conocimiento profundo y ordenado de la materia científica. No necesita el novelista meterse en el laboratorio o encanecer sobre los libros especiales de una rama de la ciencia, para inyectar suero científico a su obra.

Es preciso recordar otra vez el nombre de Dante, *clérigo grande*, docto en muchísimas materias, pero docto a lo artista. Hasta diré que existe incompatibilidad entre la sabiduría especial y concentrada y el arte creador, y si Goëthe y Dante fueron manantiales de sabiduría, no hubiesen podido ser *pozos* y producir el *Fausto* y la *Divina comedia*. Los grandes artífices de vida y humanidad, como Balzac, Shakespeare y Cervantes, saben siempre muchísimo y de muchísimas cosas; pero el diablo que sepa cómo las saben, y no importa nada que las sepan truncada y hasta en parte erróneamente (así las supo el asendereado y *lego* autor del *Quijote*). A todos ellos se les podría aplicar lo que Chasles dijo de Balzac, con extraordinaria exactitud: "Repiten continuamente que Balzac es un observador, un analítico; era más o era menos: era un *vidente*".

Y si no lo fuese, ¿qué reflexión, qué meditación, qué labor de buey uncido al arado alcanzaría para escribir un

43

solo grupo de la *Comedia humana*? Con razón dice de él Sainte Beuve que poseía la intuición psicológica, aunque le faltó añadir (el ilustre crítico de los *Lunes* no fue ni aun equitativo con Balzac) que también poseía la psicología, y en altísimo grado. Y añade Sainte Beuve, como a pesar suyo: "Lo que Balzac no veía a la primer ojeada no solía verlo después; la reflexión ya no se lo devolvía. Pero ¡qué de cosas sabía ver y devorar de una sola ojeada! Venía, charlaba; él, tan embriagado en su obra y, en apariencia, tan lleno de sí mismo, sabía preguntar, escuchar con provecho, y hasta cuando no escuchaba, cuando parecía no ver más que a su idea y a sí mismo, salía llevándose cuanto necesitaba, y os asombraba al describirlo después". He aquí el carácter, el sello de la poderosa y rápida *asimilación*, que no es fruto de ninguna gimnasia racional, que es gracia de naturaleza. Y acaso existe una oposición absoluta entre este don de *devorar* maravillosamente las cosas y el esfuerzo bovino de aprenderlas para no poseerlas.

Tal es el punto de vista en que conviene situarnos para decir si es o no exacta y verdadera la pintura que hace Balzac de la sociedad de su época en la *Comedia humana*. Eterna discusión que surge cada vez que aparece un pintor de costumbres. No hace muchos días he leído que D. Ramón de la Cruz (el que con alarde gracioso y no del todo infundado se preciaba de escribir la historia de su tiempo) no nos dejó fiel reproducción de la España mano-lesca. De Pereda he oído repetidas veces que había hecho la Montaña a su gusto; y de Mérimée, que inventó a Córcega. Los tres ejemplos citados son de escritores *loca-listas*. Balzac abarcó amplísimo espacio; por de pronto, su patria entera. Además, Balzac, como buen vidente, no sería nunca el realista concienzudo que recibe impresión fuerte de los objetos exteriores, y la refleja. Aquella sensi-bilidad aguda y afilada como daga buida, que le hería con-tinuamente el corazón, le permite ahondar en el alma de una época y en el alma humana de todas las épocas, en lo cual está el secreto del alcance y virtud de los grandes videntes, Shakespeare, Dante, Cervantes.

El criterio que debemos aplicar para juzgar de la exac-titud con que Balzac reprodujo la fisonomía de su época, y para decidir también si cumplió su programa de escri-bir la historia del sentimiento fibra por fibra y la historia social en todas sus partes, es justamente prescindir de si hay en la *Comedia humana* algo que no es fiel y nimia reproducción de determinado aspecto de aquella época sugestiva, agitada y crítica de 1793 a 1850, sino atenerse a la impresión de verdad general que se desprende del conjunto, sobre todo de los caracteres y los tipos de humanidad, que hoy encontramos como entonces, des-contada la diferencia de ambiente y circunstancias. Es precisamente lo curioso de la *Comedia humana*, que lleva fecha y no la lleva; que es el Imperio, la Restauración y los Orleans, pero encierra un sinnúmero de páginas de completa actualidad, porque son naturales, analíticas, y estudian pasiones y flaquezas de entonces, hoy y siempre. La vida militar, la vida literaria, la vida política, la vida íntima de un período, pueden, sin duda, diferenciarse de las de otro período, con diferencias típicas bien marcadas; un *costilla de hierro* de Cromwell, rezador, austero e iconoclasta, no es un granadero de Napoleón; las Duquesas y Vizcondesas literarias, marisabidillas, de Balzac, no son las damas automovilistas y americanizadas de ahora; y un encanto peculiar de Balzac acaso sea ese privilegio de energía en la transcripción, que nos permite imaginar que hemos vivido en la sociedad de la Restauración y Luis Felipe, que hemos frecuentado las casas, los bailes, los sitios todos adonde nos conduce el novelista. Sus novelas son fragmentos de historia, infinitamente más históricos que los anales que hayan podido quedarnos de ese tiempo. Brunetière afirma que las novelas de menos valor histórico son las que llevan al frente el rótulo de históricas, y que un tipo militar estudiado por Balzac nos enseña más respecto a esa fase de la historia de Francia que todos los documentos del archivo del Ministerio de la Guerra.

No lamenta, por cierto, el eminente y seguro crítico francés –de quien difiero en varias apreciaciones, aunque no en esta– que Balzac no haya tenido tiempo o fuerzas bastantes para llenar del todo su programa de la *Comedia humana*. Era probable que desnaturalizase la idea al pretender darle mayor precisión y rigor de lo necesario, al hacerla más artificial, transformándola en lógica y geométrica. Siempre existía ese peligro, y, como hemos notado, la reflexión, el cálculo, el plan y método que pide la labor científica, no son prendas seguras de felicidad en la artística –aunque al tratarse de Balzac no sea el arte, o mejor dicho, la belleza, sino la verdad, lo que resalta–. Puede resentirse de la idea reflexiva una concepción tan ardiente, tan viviente como la que Balzac trasladó al papel; pero es lo más probable que el arranque creador triunfase por último, y que la *Comedia* se completase sin perder esa espontaneidad y esa ebullición calenturienta de vida, "sorda, inconsciente, incoercible" que late en toda la obra.

Me apresuro, sin embargo, a declarar que la *Comedia humana*, al lado de la impresión de realidad histórica que produce, causa otra que encuentro expresada por Sainte Beuve, cuando dice: "Balzac; no contento con observar y adivinar, no pocas veces inventaba y soñaba". Sí, hay en la *Comedia humana* buen contingente de sueños y aun de visiones; pero he aquí cómo me explico este elemento, que,

47

bien mirado, forma parte de la realidad, puesto que en lo íntimo de nuestro ser lo llevamos, y con nosotros va desde la cuna a la huesa. No es Balzac, no es propiamente el autor quien sueña con los místicos y los teósofos; es su misma época –y así cumple Balzac el deber del retratista– la que sueña en sus libros. Pueden incluirse, en este sentido, los sueños y las visiones de Balzac, en el número de aquellos documentos humanos por él aportados y cuya cantidad admiraba a Taine. Eran los *cuartos obscuros* del enorme edificio irregular que erigió. Como sucede a la mayor parte de los creadores, Balzac se equivocaba respecto al alcance de su genio, y lo confundía con la voluntad refle-xiva. Hay un párrafo curioso puesto por Davin en boca de Balzac, y mejor se dijera, puesto por Balzac en pluma de Félix Davin, a quien Balzac dictaba o inspiraba los prefa-cios explicativos de sus obras. Lo extracto: "No basta ser un hombre; hay que ser un sistema. Walter Scott labró sillares; pero ¿dónde está el monumento? Vemos los seductores efectos del análisis, y no vemos la síntesis... El genio no es completo sino cuando une a la facultad de crear la de coordinar sus creaciones... No basta observar y pintar; hay que hacerlo con algún fin... Si queréis arraigar como un cedro en nuestra literatura de movediza arena, *sed Walter Scott, y arquitecto además...* Vivir en literatura hoy, es menos cuestión de talento que cuestión de tiempo.

48

Y antes de que os pongáis en comunicación con la parte sana del público que juzgue vuestra valerosa empresa, habrá que beber diez años en la copa de angustia, aguantar burlas, sufrir injusticias, porque el escrutinio en que vote la gente ilustrada se hace bola tras bola". Años después, Emilio Zola manifestará su propósito de ir echando a la calle libros y libros, para que cuando formen un montón muy alto se detenga la multitud sin remedio y se entere de que están allí –al contrario de aquellos románticos a quienes hacía inmortales un tomito de versos...–. Es la idea reflexiva, la aplicación del concepto de fuerza y trabajo, que transforma a materia aplicando leyes científicas a la creación de arte. Es la estética del positivismo, fórmula nueva de Balzac.

La personalidad literaria

Indicado ya el plan y sentido de la *Comedia humana*, es tiempo de considerar el valer propio de su autor, la esencia de su personalidad literaria, sus condiciones y cualidades peculiares de literato y de artista.

Desde luego se advierte que la observación, en Balzac, no tiene afinidades con lo que más adelante llamarán observación los naturalistas de escuela. La observación en Balzac es aquel don natural de *devorar* las cosas, y a pesar de su riqueza pasmosa de referencias y detalles, datos y hechos menudos (que existían como existen las cosas familiares y verdaderas, a las cuales nadie presta atención hasta que el arte las pone de manifiesto); a pesar del admirable axioma que Balzac formula –"antes todo era relieve, ahora se trabaja ahondando"– ello es que no nos figuramos al autor de la *Comedia humana* tomando notas en una cartera, clasificándolas, formando un prolijo expediente antes de escribir una novela, como hizo después Zola al recoger y querer realizar por cuenta propia la idea de la *Comedia humana*. Ni aun le comprendemos extractando un libro, por más que su obra demuestre con evidencia copia de lectura y conozcamos sus etapas de encerrona en bibliotecas.

Lo que le concedemos es vista de ojos, trato de gentes, conversación, práctica del vivir, *lección de cosas* incesante, recibida al pasar por distintos medios y varias profesiones, en estados si no de miseria, por lo menos de apuro y combate encarnizado. Balzac no podía contarse entre los legos, pero se cuenta en la escasa falange de los hombres que con su ardiente mentalidad dominan completamente a su cultura y en ningún caso son dominados por ella. Como en todo individuo de excepción, en Balzac no es lo adquirido, es lo natural, lo que hace el gasto, lo que vale, lo que se impone. Por eso muchos opinan que no es Alejandro Dumas padre, sino Balzac, quien debió ser calificado por Michelet de "fuerza de la naturaleza". Si en toda la literatura del mundo se hubiese perdido el don de la espontaneidad, a Balzac sería preciso acudir para encontrarlo, a pesar de lo tenazmente que mascaba sus obras.

Tenemos que adherirnos a la opinión de Sainte Beuve; según él, en semejante complexión de escritor, la parte de inventiva tiene que ser más considerable aún que la de observación y estudio. La inventiva, en un novelista como Balzac, que no emplea los procedimientos hasta él empleados, que es objetivo y épico, no se reduce a discurrir una fábula cuando la realidad no se la proporciona hecha; en Balzac, como en Cervantes, la inventiva va al fondo de los pensamientos, de los sentimientos, de los intereses humanos, y se confunde con la adivinación y la segunda vista, y a veces, por la, misma acuidad de la visión, llega hasta la alucinación, forzando y extremando el sentido arcano y oculto de las apariencias vulgares.

La inventiva inferior del novelista es la de la fábula, de lo que se llama el asunto o argumento, y no sería difícil probar que el asunto de las mejores novelas ha sido tratado en otras detestables, así como los argumentos de los dramas de Shakespeare se encuentran en mediocres y olvidadas producciones teatrales anteriores. Todo va en la personalidad del autor.

El mérito de Balzac no estribaba en la fábula, ni sus novelas de argumento complicado y sensacional son las mejores. Lo que distingue a Balzac es que, así como Rousseau y Bernardino de Saint Pierre trajeron a la novela el paisaje, Balzac trajo los objetos y el dinero. Antes de Balzac, dice acertadamente un crítico, no hay novelas *vestidas* ni *amuebladas*, y yo agregaría: ni novelas en que los héroes dependan de la bolsa (a excepción quizás de *Gil Blas* y *Manon Lescaut*). La novela se había considerado género de mero entretenimiento, como han seguido considerándola todavía en nuestros días algunos escritores clásicos (citaré, entre nosotros, a D. Juan Valera); por lo tanto, no se escribía para escudriñar la vida social, ni para disecar el corazón humano fibra por fibra, sino para narrar un episodio, generalmente amoroso, generalmente de juventud –recuérdese la mayoría de las novelas románticas, y dígase si fueron otra cosa– (excepto las de aventuras). En esa cualidad secundaria de la invención del asunto, Balzac quedaría por bajo de Alejandro Dumas padre, y hasta del autor de *Las memorias del diablo*, a quien Julio Janin, *apaleador* concienzudo de Balzac, anteponía a éste por "el movimiento y los incidentes variados". Así es que, al hablar de la invención en Balzac, me refiero principal-

52

mente a la invención de caracteres, presentados en un medio real, rigurosamente histórico en los grandes rasgos, y de una exactitud geográfica que recuerda la de Dante. Esa invención de caracteres es la creación de seres vivos "haciendo competencia al registro civil".

Sin duda los caracteres presentados por Balzac existen, y a no ser así no valdrían cosa; pero el novelista no pudo observarlos todos en su inacabable serie, ni retratarse en todos, como diz que se retrata en *Alberto Savarus*. En sus novelas –él mismo nos lo afirma–, a pesar de la fidelidad en reproducir las costumbres, no hay clave; apenas si la malignidad señaló dos o tres figuras que pudiesen corresponder a personas de carne y hueso, famosas en los anales de la sociedad parisiense o de las letras, como la *Camila Maupin*, que en lo físico recuerda a la actriz Georges y en lo moral tiene rasgos de Jorge Sand. Es evidente, pues, que los caracteres de Balzac son inventados, creados, pero creados sobre la vida, con pasta de verdad interna y externa, y he aquí una de las enormes superioridades de Balzac respecto, no sólo de Walter Scott, Jorge Sand y los novelistas de aventuras y lances, sino del ilustre Flaubert, que sólo creó dos o tres caracteres marcados con el sello vital, y de Zola, que no creó caracteres, sino *tipos*, lo cual es muy diverso, y conduce fatalmente a generalizar, a caer en la abstracción y en la mentira.

No sólo es Balzac un inventor de caracteres, sino que –y no puedo menos de nombrar a Shakespeare, en quien observo otro tanto–, a pesar de su adhesión a lo real, es un idealizador del carácter; es decir, que entre sus caracteres abundan los individuos extraordinarios, dotados de tal fuerza de individuación (en diversos sentidos), que nunca podrían confundirse con ese vulgo medio cuya pintura prefirió, veinte o treinta años después de Balzac, la escuela naturalista. Brunetière asegura, con razón, que no es en *Rojo y Negro*, de Stendhal, donde hay que buscar los profesores de energía, y –añadiría yo– los cerebros de complicadas ruedas, sino en diversas obras de Balzac, a pesar de las profesiones de fe democráticas (democráticas en arte) que podemos encontrar en su teoría. Lo verdaderamente democrático en arte no consiste en tomar por modelo a una labriega o una criada de servir mejor que a una señora; lo democrático es retratar la verdad, si se quiere, pero la verdad insignificante. Una criada de servir, entendida como la *Rabouilleuse* de *Un menaje de soltero*, o como la *Cochet* de *Los labriegos*, deja de ser carácter vulgar y sin sentido.

Entre los personajes de Balzac, que forman un mundo, hay algunos estudiados con tal ahínco y relieve, que la vida intensa del alma humana está en ellos en acto continuo. Con igual penetración ha creado los caracteres masculinos que los femeninos, particularidad propia del gran inventor de caracteres, pues hay novelistas y dramaturgos de alta fama, cuyas mujeres son totalmente convencionales. Y es otra cualidad de Balzac: imprime sello de carácter hasta a los personajes meramente episódicos, que no hacen sino cruzar por la escena y resaltan un minuto, cómo pueden resaltar los protagonistas, de quienes habla extensamente. No es el menor encanto de Balzac ese don del *apunte*, del *boceto*, de la *mancha* intensa, propio de los pintores geniales.

El vigor psicológico de ciertos caracteres de Balzac llega a revestir proporciones imponentes, que recuerdan el mar en días de tormenta, la emoción terrorífica de aquello cuyos límites no discernimos. Véase la terrible figura de Felipe Bridau (*Un hogar de soltero*). Felipe Bridau es el estudio más completo de una psicología modificada por el medio y la concurrencia vital: es el hombre de presa, que pudo ser héroe y paró en bandido, pero *bandido social*, que elude las responsabilidades ante la ley. Demuestra Felipe Bridau que la guerra, al establecer estados anormales, anormaliza también los caracteres y los prepara a mantener en la paz el mismo estado belicoso, pero sin la generosa y franca exposición al peligro y sin la aureola de la gloria. Abismos de psicología son Papá Goriot, Luciano de Rubempré, el padre de Eugenia Grandet, el abate Troubert,

Marneffe, Crevel, César Birotteau, Beatriz; la prima Bette, Eugenia Grandet, Úrsula Mirouet, la Duquesa de Langeais, la Musa del departamento, Baltasar Claes, ¡y tanta y tanta figura de segundo término, en que la indicación, por lo firme y segura, equivale al estudio detenido y concentrado!

Dícese comúnmente que Balzac fue novelista épico; creo llegado el momento de notar que en Balzac, al lado del positivismo histórico, hay una propensión constante a *dramatizar* la epopeya. Su vasta obra hubiera debido llamarse, más que *Comedia humana, Drama humano*. En efecto, hasta lo cómico de Balzac es cómico dramático. Se ha dicho de Balzac que, así como no tiene distinción ni elegancia, no tiene chiste, ni humorismo, ni *esprit*; y acaso sea cierto, si consideramos el chiste, el *esprit* y el donaire como algo que provoca, no a meditación, sino a solaz y risa. Los tipos de Balzac encierran un sentido cómico demasiado hondo: son crueles, son amargos, como amargas son la vida y la realidad. Balzac no es de los que divierten, en el sentido inferior y trillado de la palabra. La malignidad de Julio Janin, al poner en la misma línea a Paul de Kock y a Balzac, pudo ir más allá, y anteponer al chocarrero autor de *Gustavo el calavera*; seguramente ha arrancado más carcajadas, y los mozalbetes le prefieren. Balzac veía el drama, la comedia dolorosa, a lo Molière; nunca el saine-

56

te, ni aun cuando retrata tipos tan grotescos como el ínclito Gaudissart.

Pero cuando digo que veía el drama, conviene añadir que era el drama *natural*, por decirlo así, que encierra toda vida, aunque algunas veces llegase a la exageración de los caracteres dramáticos, como en la *Historia de los trece* y *La última encarnación de Vautrin*. Es curioso que el novelista, a quien se rechaza del teatro considerándole incapaz de un éxito alumbrado por candilejas, sea el hombre más inclinado a dramatizar y a sugerir la preocupación dramática, hasta sobre la base de insignificantes asuntos. Y es que Balzac posee, al lado de aquella "viva sensibilidad" que le acuchillaba el corazón, una imaginación fogosa, plástica, volcánica y sin freno, no al estilo de Dumas ni de Sue, pero no menor ni menos rica. Dícese que era premioso y difícil en la labor literaria, pero yo creo que el exceso de ideas y planes y materia ígnea en su cerebro es la causa de esta especie de dificultad, parecida al tartamudeo de los que hablan emocionados, con atropello de conceptos y períodos. Si su premiosidad naciese de aridez, no se explicarían sus incesantes variaciones y refundiciones del texto. No hubo, al contrario, novelista más abundante, más ahogado en sobreproducción, y pudo decir de sí mismo lo que otro ilustre novelista contemporáneo: "En mí es una secreción la novela".

Lo dramatizado en Balzac –hasta cuando la imaginación y no la realidad es la que suministra el terror dramático, sin cuidarse de la verosimilitud– es siempre *fuerte* y ejerce sugestión, mayor que la ejercida por otros escritores, excepto por Edgardo Poe y Hoffmann. Compárese, por ejemplo, la ejecución de *Milady* en *Los tres mosqueteros*, y el castigo de la coqueta Duquesa en la *Historia de los trece*, o la degollación del bretón delator en *Los chuanes*. Y la inclinación a dramatizar y el poder dramático de Balzac se demuestran, tanto o más que en los sucesos que refiere, en las descripciones, penetradas de una especie de fatalidad, de un sentido de misterio, vibrantes de emoción secreta, indefinible, que nos anuncia algo próximo a suceder o que ha sucedido ya, y cuya huella conservan los objetos. Las descripciones de Balzac son efectivamente largas, minuciosas, a toques lentos como los cuadros de la escuela holandesa; pero es que en la descripción está ya el drama asomando y como insinuándose en nuestra mente. Alguna de estas magistrales descripciones guarda con el asunto la misma conexión que la sinfonía o el preludio con la partitura. Balzac no describe jamás *por describir*, porque un lugar o un paisaje encantaron sus sentidos y solicitaron su pluma. Al describir, lo que hace es situar en el medio ambiente el drama, dentro de la verdad psíquica que presta significación a los hechos materiales. Los objetos tienen su lenguaje, y este lenguaje lo ha interpretado como nadie el vidente Balzac. La escuela, más adelante, llegará a desquiciar, exagerándola, esta relación profunda de nuestro espíritu con lo que nos rodea, y las tres descripciones consecutivas de París en *Una página de amor*, aunque trozos de muy bella factura, no nos producirán el efecto revelador y dramático de la descripción de la villita de Guérande en *Beatriz*, o la selva de Aigues en *Los labriegos*, que son, más que descripciones, pedazos de alma anticipados y entregados a nuestra avidez psicológica. Hay que saber leer estas descripciones; si las saltásemos, llevados del vulgar afán de ver "lo que sucede", realmente habríamos perdido el tuétano de la obra de Balzac. Debo decir, porque a ello obliga la sinceridad, que a veces Balzac se enreda en esta parte de su labor, no mide las proporciones (ya se sabe cuán de prisa trabajaba; para abreviar hay que tener tiempo) y llega tarde a lo que propiamente se conoce por drama y acción. Así le sucede, verbigracia, en la novela *Los labriegos*, en la cual el suceso dramático, el asesinato del guarda Michaud, ocupa tres páginas y viene precedido de una interminable serie de estudios de ambiente y medios, grabados muchos de ellos al aguafuerte con el sentido humorístico más encantador, –como, por ejemplo, las páginas del timo de la nutria–, pero que, reducidos a la mitad, bastaban para armonizar los elementos de ficción y observación.

Hay que resignarse: Balzac debe leerse a veces, como se lee a los historiadores, a Macaulay o a Suetonio, con la diferencia de que la preparación lenta de su lectura hace estallar más vivamente la emoción dramática. Si falta el drama en los sucesos, está delicadamente envuelto en la psicología, como pasa en *César Birotteau*, asunto esencialmente burgués y vulgar, que la fuerza analítica de Balzac eleva a las proporciones de conflicto terrible, lucha épica de los intereses materiales en la sociedad contemporánea.

El estilo en Balzac forma parte de los procedimientos nuevos y especiales que el gran innovador aporta al género. Desde luego, es un estilo muy distinto del que empleaban los románticos, y en el cual se nota la huella que imprime la poesía lírica. En la novela romántica (salvo excepciones, como *Adolfo*, que está escrito de un modo seco y sencillo) abunda siempre la retórica, y esto cabe decirlo, en primer término, de las novelas de Jorge Sand, escritas con láctea fluidez, pero escritas en prosa poética. Cualquiera de los que precedieron a Balzac, y también de los que le siguieron (Flaubert, Zola, Daudet), se ha preocupado más de lo verbal y formal que el creador de la *Comedia humana*. Es seguro que el estilo, aisladamente, no importó a Balzac: lo miró como medio de decir lo que quiere, o de insinuarlo con ese calor interior, esa vibración y estremecimiento de vida que es preciso reconocerle.

Balzac, no cabe duda, sea por instinto o sea por reflexión y estudio, y lo primero me parece evidente, sabe su idioma tanto como el que más, según afirma Taine; lo sabe desde sus primeros orígenes y verdores y retoñares literarios, y basta abrir los *Cuentos de gorja* (*Contes drolatiques*) para cerciorarse de ello. Pero no se forma un estilo literario por conocer a fondo el idioma, y hay ignorantes de todo elemento gramatical y retórico que son extraordinarios estilistas naturales. Evidentemente, Balzac, aparte de los juegos retozones de los *Cuentos*, en la labor de la *Comedia humana* no aspira a hacer estilo, ni aun arte riguroso, sino que, como dijo felizmente Brunetière, el arte de Balzac es su naturaleza y su temperamento.

Acerca del estilo de Balzac encuentro dos opiniones opuestas, y las dos de monta: la de Brunetière y la de Sainte Beuve. Sainte Beuve lo definió como una *eflorescencia* que hace temblar la página; como un estilo cosquilleador y disolvente, enervado, rosado, jaspeado de todos los matices, deliciosamente corrompido, asiático y flexible como el cuerpo de un mimo antiguo, que adopta cualquier postura. Sainte Beuve no es nada tierno para Balzac (dícese que le guardaba rencor por haber rehecho, en *La azucena del valle*, la novela *Volupté*), y, no obstante, su definición acusa un estilo de escritor peritísimo y refinado, mientras Brunetière entiende que la definición repugna al verdadero modo de ser de Balzac: "Como escritor –dice– no es de primer orden; ni siquiera cabe decir que recibió del cielo, al nacer, prendas de estilista, y en este respecto no podemos ni compararle con algunos de sus contemporáneos, como Víctor Hugo y Jorge Sand". El detallado análisis que sigue a este fallo nos muestra a Balzac expresándose frecuentemente en galimatías, corrigiéndose para estropearse más, no escribiendo ni con casticismo, ni con pureza, ni con claridad; pero dado que Balzac no se propone la realización de la belleza, sino la representación de la vida, animando y vivificando, mediante un talismán secreto suyo, todo cuanto ha querido representar, no conviene decir que escribió mal ni bien, sino que escribió *como es debido*. La revolución que hace Balzac en literatura no es de forma, sino de fondo; inferior en lo verbal, su grandeza en lo substancial es la que le ha valido subir tan alto después de su muerte. Y en efecto, yo debo reconocer, a pesar de mi afición invencible a la belleza del estilo, que la vida es un don todavía más rico y precioso, y que los autores sólo admirables por la forma caen en olvido antes que aquellos capaces de insuflar a su obra aliento vital. Es la fábula de Pigmalión, aplicable al arte siempre. Sin duda, saludamos al gran estilista en Teófilo Gautier, pero está muy olvidado ya; lo único que le salva es una idea: su teoría del arte por el arte. Y a Flaubert, admirable cincelador, no es el estilo, es la observación de la vida expresada con el estilo, lo que le sitúa entre los maestros.

En cuanto al estilo de Balzac, o mejor dicho, a su forma literaria, no cabe en la definición de Sainte Beuve. El estilo de Balzac es tan enérgico *por dentro*, que hace tolerar y hasta beber con gusto las digresiones y las descripciones detalladas. Entre el estilo brotan, traídos por la misma fuerza del asunto, párrafos de una belleza de realidad que sobrecoge; frescos y retratos que parecen de Goya. La comparación de Balzac con Goya se me ha venido frecuentemente a la pluma. Son dos "pintores universales" históricos, de la historia de su tiempo; son juntamente dos alucinados que van infinitamente más allá del realismo vulgarista, servil y fiel como un perro; son dos temperamentos desatados, en los cuales la *vida* es la cualidad maestra, a la vez que el modelo y el asunto; son dos retratistas de la mujer, del misterio femenino, de las elegancias y corrupciones de una época, dos agudos psicólogos sociales; son dos creadores en perpetua erupción de volcán, arrojando ya llama, ya lava, ya humo, ya escoria, desiguales en su producción, y condenados a no hacer obra parcial que pueda llamarse definitiva y perfecta, debiendo buscarse la perfección y lo decisivo de su labor en el conjunto, no en un trozo aislado. Son, por último, dos que se cuidan más del ser que del bien y de la perfección, imitando en esto a la naturaleza, según la afirmación de Leopardi. De los dos puede decirse que trazaron la historia contemporánea, y que dentro de su patria descubrieron la vida local, y aun la vida regional.

Este aspecto de Balzac no hay que echarlo en olvido: es un novelista que sale de París y recorre los departamentos, estudiándolos con una justicia y una precisión que no han superado después los *localistas especiales*, encerrados, como nuestro Pereda, en su huerto. Y es que Balzac no es un costumbrista, sino un historiador analítico de las costumbres, y quisiera hacer resaltar la diferencia. Un costumbrista (Trueba, Fernán, Pereda) es siempre un poeta apologista (poeta de mayor o menor altura) de una comarca. Balzac estudia la provincia sin ternura, con el amor acre y viril del pintor al modelo, que quiere retratar si cabe hasta la medula, pero sin idealizarlo. Y la España local de Goya, que no está favorecida, se asemeja en esto a la Francia local de Balzac, admirable parte de su labor, que por sí sola bastaría para ganarle la inmortalidad. Si hubiera dos Balzac; el de los estudios de provincia y el de los de París, los dos serían colosos.

Clasificar a Balzac, incluirle no en una escuela, sino en una tendencia general literaria, no puede hacerse sin distingos y restricciones. Naturalista, lo es, aunque, sin duda, ni la retórica, ni la filosofía, ni los cánones de la escuela que de él procede sean los mismos que él profesaba: a su tiempo veremos la diferencia. Realista es también, por la noción de la importancia de ciertos resortes que la novela antes había desdeñado, por la acción de esas mil cosas íntimas, menudas, si se quiere, que tanto influyen en el desarrollo de la vida humana. Y romántico, lo es en gran parte, no sólo porque queda en él enorme cantidad de levadura romántica, sino porque su obra está asentada y arraigada en época y terreno ultrarrománticos, y el ambiente le obliga a no prescindir del romanticismo, aunque le impulsen las nuevas corrientes objetivas y positivas. Considerando esta heterogeneidad de la obra de Balzac, es exacto lo que de ella dice Emilio Zola al comparar la *Comedia humana* a una torre de Babel, que el arquitecto ni tuvo ni hubiese tenido nunca tiempo de terminar: "El obrero ha empleado cuantos materiales encontró a mano: yeso, cemento, piedra, mármol, y hasta arena y barro de los fosos". La sensación de inarmonía, de desequilibrio, de barroquismo que causa la *Comedia humana* a los que más la admiramos, es lo característico de la obra de *transición*, en la cual, que su autor quiera o no quiera, al servir de puente entre dos épocas literarias, la tierra y la arena de las dos orillas se ha de mezclar al ludir del agua, y no han de poder ocultarse los materiales que confluyen y representan lo presente y lo pasado.

Sus ideas políticas, sociales y religiosas.
- Su influencia

Cuando se erige un monumento, todo lo imperfecto que se quiera, pero de la magnitud que es imposible negar a la *Comedia humana*, no puede sernos indiferente el concepto del mundo, de la sociedad, de la naturaleza y de lo que a la naturaleza no puede reducirse, que tenga su autor. Balzac no es un artista tan sólo, ni acaso es en primer término un artista; reproduce lo visto y observado (no siempre, como sabemos), pero analíticamente, que es una forma de meditación. En todo gran observador, a quien no le bastan formas y superficies, hay un moralista involuntario. En Balzac, el moralista era voluntario, y hemos visto la gradación que se imponía y que imponía al plan de la *Comedia humana*: primero pintar, luego contemplar el cuadro, después deducir lo que de él se desprende.

No basta, sin embargo, el propósito de contemplar el mundo con ojos de moralista. Es preciso que detrás de esos ojos haya un cerebro poderoso y fuerte. Víctor Hugo tuvo, como nadie, intenciones de juzgar al universo –creencias, ideas religiosas, instituciones políticas–, sin que sus vuelos apocalípticos en verso y prosa hayan contribuido nunca a iluminar la mente humana. Zola, al final de su carrera, demostró (si le negásemos las filosóficas) pretensiones sociales, que no son para tomadas en serio. De Jorge Sand pudo decirse otro tanto.

En general, la literatura romántica, desde su segundo período, venía agitando problemas de conciencia, de acción social, casi siempre –nótese esta particularidad–, en el sentido de protesta y rebeldía contra la sociedad tal cual la encontraban constituida, hasta llegar al lindero de la perfecta utopía, de la reclamación de todas las libertades, igualdades y expansiones humanas. Recuérdense las tesis de Jorge Sand, sus reivindicaciones sucesivas de la libertad en amor, de la abolición de las diferencias de clase, del matrimonio, sus himnos al pueblo, su vaga fraternidad, su ideal de bondad y de paz entre los hombres –todo el material que, usado y deslucido, recogió Zola para refrescarlo en sus *Evangelios*–. Recuérdense las tendencias del *Judío errante* y los *Misterios de París*, y no se recuerde, porque hoy nadie lo ha leído, el a su hora célebre *Viaje a Icaria*, de Cabet que, como antaño el *Telémaco* (sólo que con sentido exactamente contrario), es, en forma novelesca, un tratado de filosofía y economía política y social. Fijémonos en que toda esta literatura de tesis, reformista y demoledora, forma una cadena no interrumpida, desde el *Último día de un condenado a muerte* hasta *Trabajo* de Zola. He aquí cómo podríamos discutir la afirmación de un insigne crítico, que suponía que la novela no volvió a

67

ser, después de Balzac, lo que era antes. La novela social a lo Sue, a lo Cabet, no murió; tiene siete vidas. Lo que hizo Balzac fue sentenciarla a inferioridad eterna.

Balzac –se me dirá– también elaboraba ideas, y también se cuenta en el número de los novelistas sociales. Exacto, y nadie negará que el *Médico de aldea* es novela de tesis. Sólo que, al mismo tiempo, es novela de observación y verdad, y la tesis social, en esta como en las demás obras de Balzac, nunca llega a convertirse en utopía. Las ideas sociales y políticas de Balzac pueden ser reformadoras en algún sentido, sin dejar de ser monárquicas y autoritarias; pero la realidad le tuvo sobrado embebido y macerado en su jugo amargo y tónico para que se perdiese en Icarias y falansterios, en los sueños de edad de oro y en las nivelaciones por el amor. Ni aun cuando inventa puede inventar Balzac así; sus invenciones abultan o exageran la verdad, mas no forman un mundo quimérico, sin raíces de verdad exacta. La base de Balzac es positiva, científica, naturalista, hasta en política: su política es social, precisamente porque acepta la sociedad tal cual existe, con posibilidades de evolución y cambio, con la imposibilidad de transformaciones rápidas y absolutas. Merece notarse: los novelistas de tesis política y social son los que demostraron una incapacidad radical para entender la política, mientras Balzac, que piense como piense no prescinde de la realidad, es el único profundo político, el único que "no vive fuera del mundo", el único que se da cuenta del complicado mecanismo, de las mil fuerzas y acciones que integran una sociedad, y que la hacen estable y firme, a pesar de las mismas revoluciones y en medio de ellas, pudiéndose asegurar que una revolución jamás destruye sino lo que socialmente estaba destruido ya, y siendo la sociedad, y no el sueño aislado de un individuo, lo que actúa hasta en los procesos de disolución y renovación.

La afiliación de Balzac parece clara: en el prólogo de la *Comedia humana*, él mismo nos dice: "escribo a la luz de dos verdades eternas, la Religión y la Monarquía". Hay, sin embargo, quien, no sólo fundándose en su manera de vivir y en ciertas páginas libertinas que escribió, le niega la fe religiosa, sino que le discute la ortodoxia de sus principios, basándose en el estudio total de la *Comedia humana*. Unos le consideran determinista y materialista; otros le califican de anarquista antisocial, y no hablemos de los que le tienen por un corruptor.

Sin propósito de vindicación apologética; sólo por ver con mis propios ojos, diré lo que pienso de las opiniones y creencias de Balzac. Desde luego descarto toda sospecha de simulación hipócrita. Para lograr masa de lectores, se escribe *El judío errante*, atribuyendo a los jesuitas crímenes sin cuento; no se escribe la *Comedia humana* hacien-

69

do profesión de catolicismo. Ninguna ventaja práctica debía prometerse Balzac de tal protesta. Para explicar sus opiniones –como si las opiniones necesitasen explicarse–, se dice que le atrajo al partido realista la influencia de la aristocrática extranjera, que acabó por ser su esposa, pero mucho antes de conocer a la Condesa Hanska, realista y católico se declaraba Balzac. No veo qué cálculo pudiera impulsarle a ello, toda vez que ni siquiera fiaba a la política su medro y su porvenir, que siempre esperó de la literatura y de una laboriosidad enorme. Sus veleidades de político activo, el querer ser Diputado, fueron cortas, un episodio sin importancia. No cabe, pues, admitir en Balzac, en este terreno, ni *pose*, ni siquiera cierta gasconada, inherente a su carácter.

Es preciso, sin duda, conceder que Balzac no se asemeja a los escritores oficialmente católicos de nuestra época, ni tampoco a los convertidos y místicos, como Verlaine y Huysmans, ni a los de la melancolía cristiana, como Lamartine, ni aun a los inquietos teólogos y sociólogos buscadores de verdad, como Brunetière. Y, sin embargo, la lectura atenta de la *Comedia humana* descubre un espíritu honda y naturalmente católico.

Ya adivino lo que se me argüirá. El argumento más resobado y endeble, pero más efectista, es que no se puede ser católico y firmar la *Fisiología del matrimonio*, las *Miseriu-*

cas de la vida conyugal, los *Cuentos de gorja* y ciertas páginas de muy subido color que andan esparcidas por la *Comedia*. *La Fisiología del matrimonio*, que ha servido de modelo a la otra obra muy semejante y muy cruda, de Pablo Bourget, hoy católico militante, es un libro-humorada, un libro romántico en el fondo. Los *Cuentos de gorja* son un alarde gramatical y lingüístico y un brote de esa *gauloiserie* de sal gorda que asoma, en Balzac de vez en cuando y que descubre el temperamento sanguíneo (la indelicadeza, han dicho muchos críticos) del escritor. En otros tiempos, el siglo de Tirso y Lope, el de Shakespeare y Cervantes, los verdores y las osadías de pluma no se consideraban incompatibles con el catolicismo natural. Serán pecados; pero ni son impiedades, ni son herejías.

El análisis encarnizado, anatómico, lúcido, de la miseria humana –que vale tanto como decir de la vida humana– es, en cambio, tarea y obra de escritor católico, no materialista, sino pesimista, necesariamente pesimista. Dimana del dogma del pecado original y la caída, de la corrupción de nuestra naturaleza, de la certidumbre de que nos rodea el mal y nos persigue eternamente el dolor, y estas grandes, irrebatibles verdades teológicas se imponen al que quiere estudiar, desde dentro y hacia fuera, las arcanidades de la psicología. El error psicológico es el optimismo, la creencia en la bondad humana, y de este error nacen la soberbia, la fe en el propio dictamen, la rebeldía a la autoridad, las teorías de laxitud e impunidad en lo penal, la consagración de todos los instintos, y, como consecuencia, la licitud de todos los apetitos. El heresiarca de esta herejía fue Rousseau (no ignoramos con qué gracia le satirizaba Voltaire), y le siguieron Víctor Hugo y Jorge Sand; en nuestros tiempos, Tolstoy. Los que, como un tiempo Shakespeare, como Cervantes, como Balzac, como Flaubert, echan la sonda hasta los abismos del alma humana, sacan consecuencias acordes con el pesimismo religioso, y no sonará a irreverencia si digo que algunas novelas de Balzac podrían llevar al frente, como las *Doloras* de Campoamor, máximas de la *Imitación de Cristo*.

Tomemos, por ejemplo, a Shakespeare. Cualquiera que fuese la confesión de que formase parte el autor, la obra es católica. No lo es sólo por ciertos fragmentos de *Hamleto* que se citan siempre, sino por su concepción vasta y honda de la humanidad, más libre que la protestante, más amplia y sagaz que la racionalista, y hasta por ciertas formas de grotesco y cómico, que son esencialmente católicas, góticas y medioevales. Los grandes satíricos pesimistas han solido tener otra faz mística: de esta combinación, nosotros presentamos por ejemplar a D. Francisco de Quevedo, tremendo escritor de gorja (¡dónde se quedan los *Cuentos* reprochados a Balzac, dónde la *Fisiología del matrimonio*!).

No me canso de repetirlo: Balzac no tiene afinidades ni con un devoto, ni con un asceta, ni con místico de ninguna especie; y, sin embargo, su genio analítico está condicionado por el fondo católico de su concepción de la vida. En esta parte disiento enteramente de Brunetière, que no encuentra relación entre las ideas religiosas y sociales del novelista y su obra, a pesar de reconocer que Balzac se adelantó a Ketteler y a Manning en la teoría de la democracia social cristiana.

Lleva razón Brunetière cuando dice que las opiniones políticas y religiosas de Balzac no son fruto de detenido estudio. Pero ¿hay algo en la obra de Balzac que sea fruto de detenido estudio? No olvidemos que es el vidente, el *devorante*. Si he sabido inculcar mi parecer en esta cuestión, habré logrado que se entienda cómo no está el catolicismo de Balzac en los pasajes donde explícitamente lo proclama, sino en la índole de su concepto de la humanidad, y las consecuencias que de él se deducen lógicamente. Al decir que Balzac es el padre del naturalismo, proclamado por Zola y la falange entera de Medan, necesito disipar el equívoco que resultaría de identificar el pesimismo religioso de la psicología de Balzac con el pesimismo materialista de la escuela. Nueva ocasión habrá de tratar este punto.

Por eso no se advierte en Balzac aquella estrechez asfixiante que más tarde se le echó a la escuela en cara. Balzac pudo abarcar a la sociedad y al hombre "en todos sus órganos", y supo adivinar "las próximas modificaciones sociales". Lo que tiene Balzac de sabor amargo, y a veces de contradictorio, es la amargura y la contradicción de la vida misma, que él no disfraza como la disfrazan los novelistas de tesis –como la disfrazó a menudo el propio Zola, antes ya de los *Evangelios*–. Todo es vida en Balzac, y no le podemos acusar de nada de que la vida no sea culpable. Pesimista como fue, no hizo selección de notas pesimistas para acumularlas: su psicología es tan negra como la vida, ni más ni menos. Así pudo defendérsele de la tacha de inmoralidad, preguntando sencillamente ¿si es que la representación de la vida, verdadero fin del arte, ha de ser más moral que la vida misma?

Adversario del individualismo romántico –no sé cómo ha podido llamársele anarquista–, Balzac es un novelista social. Una de sus opiniones favoritas –lo dice en carta a Zulma Carraud– es la necesidad estricta del régimen autoritario. "Al pueblo", escribe, "debe ilustrársele; pero manteniéndole bajo el más fuerte yugo, suprimiendo cuanto le provoque a turbulencia. Conviene un Gobierno lo más firme posible".

Estas máximas adquieren valor en la pluma de Balzac, por estar de acuerdo con las que se desprenden de su estudio de las clases sociales, hecho a lo vivo, sobre la carne

74

que sangra. Es más sombrío y violento el de Zola en el *Assommoir*, la *Terre* y *Pot Bouille*; pero el de Balzac, por lo franco y desinteresado, todavía persuade mejor de la necesidad de reforzar, y no de relajar, los vínculos que sustentan la mecánica social, armazón cuyos defectos son evidentes, pero cuya utilidad es más evidente todavía. Consecuente en su pensar –no obstante el caos de su producción, el continuo hervor de su fantasía excitada–, Balzac se manifiesta reiteradamente hostil al sufragio universal, la instrucción laica, el movimiento democrático, el avance del socialismo. No era absolutista, sino partidario del régimen constitucional bajo la Monarquía legítima.

Uno de los críticos de Balzac le niega la condición de novelista social, porque Balzac no se atribuye una misión moral y reformadora. Es confundir la oratoria de *meeting* y el sermón con la novela social. La representación fiel y enérgica y valiente de los estados sociales es el mejor acicate para las reformas justas posibles. Las otras cabalmente son antisociales. Y como hemos de reincidir en esta cuestión de la novela social, que es uno de los caracteres típicos de la transición, bástenos por ahora notar cuánto va de la novela social de Balzac al *Judío errante* o a *Los miserables*. Y si alguien lo duda, plantéese únicamente este problema: si para conocer en espíritu y verdad la época, los hombres, la política, el pensamiento, la sociología y la psicología, desde el primer Imperio hasta que adviene el segundo, hay que acudir a Sue y Víctor Hugo o al autor de la *Comedia humana*.

La influencia del enorme monumento, del "mayor archivo de documentos sobre la naturaleza humana", la encontraremos por dondequiera: va a ser el fenómeno característico, decisivo, de las nuevas formas de arte, y aun de cierto movimiento más bien científico que artístico, determinado igualmente por la evolución literaria. Esta influencia llega al grado máximo después de la muerte del novelista, ocurrida en la plenitud de su labor y cuando no había podido realizar sino parte de sus propósitos. En vida, Balzac no se destacó cuanto debía destacarse, sobre todo en Francia. Su influjo creció lentamente, y no tuvo la falange de discípulos que vemos seguir la estela de Walter Scott. Sainte Beuve habla de la rápida fama que adquirió Balzac, especialmente en el extranjero: en Venecia, donde señoras de la sociedad adoptaron los nombres de sus heroínas; en Hungría y Polonia, en Rusia sobre todo. Esto se llama, en justos términos, *moda*, y es distinto de la influencia. La influencia no salta a los ojos como el éxito aparatoso y espumeante. De moda estuvieron, con Balzac, otros escritores, incluso, a su hora, Federico Soulié, y no abrieron surco, y queda de ellos polvo y ceniza. La influencia de Balzac se reconoce, no sólo en los novelistas que le siguieron, sino en los críticos: Taine, que tanto le debe; Sainte Beuve, cuyo método es el mismo de Balzac, cuyos maravillosos retratos psico-físicos parecen en ocasiones páginas sueltas de la *Comedia humana*. Reconozco que tales coincidencias no se deben sólo a la influencia de un escritor, por decisiva que sea: hay corrientes que impulsan a toda una generación, mejor dicho, a las avanzadas de una generación, puesto que el romanticismo siguió defendiéndose mientras Balzac preparaba la era naturalista. "Hay –dice Brunetière– más relación de lo que parece entre la *Comedia humana* y *Port Royal,* de Sainte Beuve; son, en las letras francesas del siglo XIX, dos monumentos de igual género de originalidad. Sainte Beuve es más literato, Balzac es más contemporáneo; el crítico, a cada momento, se siente contenido y paralizado por escrúpulos de que el novelista no se preocupa; sus mentalidades son diversas, pero sus curiosidades análogas –curiosidades de fisiólogo y médico–... Ambos persiguen, por los mismos medios, la representación y reproducción de la vida".

Tal va a ser el programa, la bandera de la renovación. No es sólo la novela, es –como hemos visto, y bien fácilmente se explica– la crítica, el cuento, el teatro, la historia, el periodismo, y hasta ciertas formas y manifestaciones de la poesía, lo que va a seguir los derroteros de la *Comedia humana*. Según el eminente crítico, –cuyo magistral estudio sobre Balzac hay que leer, hasta para disentir de algunas de sus opiniones– en el teatro, tanto o más que en la novela, resalta la influencia dominadora de Balzac; y yo añadiría que esta influencia, innegable en Dumas hijo y Augier, y hasta en el mañoso Sardou, que si no reproduce la vida, la parodia, persiste hoy, cuando parece que declina en la novela; y que el neo-idealismo y el neo-romanticismo, esos aparecidos contemporáneos, luchan sin fruto por hincar el diente en el teatro moderno, cada vez más empeñado en asemejarse a la vida y en reproducirla y estudiarla, en reflejar las costumbres, en justificar la acción por el ambiente y el atavismo; en aplicar, dígase de una vez, el naturalismo analítico de Balzac. A distancia, no creerán inspirarse en el autor de la *Comedia humana* dramaturgos, no sólo como Becque y Portoriche, sino como Ibsen, y, sin embargo, si el influjo de Balzac modificó la fórmula dramática definitivamente en su época, es que ya el teatro no puede volver hacia sus antiguos moldes y recetas pueriles y artificiosas. "Si se me pregunta –cito a Brunetière– cómo el influjo de Balzac se deja sentir primero en el teatro, cuando parece que debiera notarse en la novela ante todo, daré esta razón: si los contemporáneos de Balzac no puede decirse que le "desconocieron", ello es que no "reconocieron" inmediatamente cuánto diferían sus novelas de las de Jorge Sand, Alejandro Dumas, Eugenio Sue o

Próspero Mérimée...". Mientras en la novela fueron coetáneas de Balzac otras influencias poderosas entonces, el teatro, más flojo y débil, se prestó mejor a sufrir la transformación.

Pudiera afirmarse que los "discípulos" oficiales de Balzac, Carlos de Bernard a la cabeza, son los que menos testimonio dan de influjo tan dinámico, pero tan subterráneo. Es la fatalidad de los imitadores directos: no chupan la esencia, no pasan de arañar la superficie, de aspectos parciales y quizás inferiores de la obra imitada. Compárense *Los labriegos*, de Balzac, y *El hidalgo campesino*, la novela más recomendable de Carlos de Bernard. Es lo curioso que la novela de Carlos de Bernard está mejor compuesta, más limada, y proporcionada que la de Balzac; y desde el punto de vista de las reglas clásicas, se podía anteponer la labor del discípulo a la del maestro –cosa que no dejaron de hacer los críticos–. Lo que falta a los imitadores de Balzac, es lo que a la yegua de Rolando: el don de la vida. Por intenso que haya sido el influjo de Balzac, no suscitó a nadie (a no ser que incluyamos, con justicia, en la lista de los *influidos* a León Tolstoy), que pueda ponerse a su lado. Su influjo se repartió, se insinuó, se ejerció sobre diversos géneros, y nos saldrá al paso incesantemente; porque, habiendo creado Balzac para todos esos géneros nuevas exigencias, nuevas necesidades, nuevas condiciones *sine qua non*, aparecen transformados desde la *Comedia humana*, y no en la forma, sino en lo interno de su modalidad artística y técnica. "Lo que Balzac no consiguió realizar –escribe Emilio Zola– lo dejó indicado; de suerte que se le imita sin querer, hasta cuando creemos emanciparnos de su dominio". Sin querer es como se ha imitado, principalmente, a Balzac –y es el género de influjo seguro, duradero, en cierto sentido perenne–. Con la misma lucidez añade Zola, sobre Balzac, esta definitiva sentencia: "El tiempo es quien clasificará a los hombres, y el criterio de clasificación es el influjo que ejercen sobre lo venidero".

Texto extraído de *La literatura francesa moderna*.
Tomo II: *La Transición*. Madrid, 1911

EMILIA PARDO-BAZÁN
(La Coruña, 1851 - Madrid, 1921)
Retrato de 1921

Vola Archivos

Ivan Turguenev:
Hamlet y Don Quijote

Émile Zola:
Gustave Flaubert

Marcel Proust:
El caso Lemoine

Wilhelm Dilthey:
Satanás en la poesía cristiana

Ramón Gómez de la Serna:
Oscar Wilde: un retrato

Ramón Gómez de la Serna:
Baudelaire, el desgarrado

Stefan Zweig:
Marceline Desbordes-Valmores

Manuel Azaña:
Cervantes y la invención del Quijote

Ralph Waldo Emerson:
Shakespeare y Goethe

Boccaccio:
Dante Alighieri: su vida y sus obras

Victor Hugo:
William Shakespeare

Mark Twain:
¿Ha muerto Shakespeare?

André Gide:
Oscar Wilde: in memoriam